Milchshakes

süß und pikant

> **Autorin: Cornelia Schinharl** | **Fotos: Kai Mewes**

Inhalt

Die Theorie

4   Gesunde Milchvielfalt

➤ **5   Tipps & Tricks**

6   Kleine Helfer aus der Küche

7   Sirups selber machen

➤ **8   Feste feiern mit Shakes**

Die Rezepte

10   Shakes – kalt und süß

26   Shakes – kalt und würzig

36   Shakes – heiß serviert

48   Shakes und Cocktails – mit Alkohol

Extra

➤ **58 Glossar**

  60 Register

  62 Impressum

➤ **64 Die 10 GU-Erfolgstipps**

➤ **GU Serviceseiten**

Genuss pur!

Erdbeermilch kennt jeder. Mutters erster Mixer hat sie gezaubert. Und die schmeckte! Das war der Startschuss für andere Shake-Kreationen mit Frucht und sogar mal mit Gemüse. Unsere italienischen Nachbarn haben uns den Cappuccino und die Latte macchiato beschert, und eine heiße Schokolade hat schon immer über manches hinweggetröstet. Klar also, dass man sich mit Milch richtig verwöhnen kann, und das jeden Tag aufs Neue und immer wieder anders. Die Milch macht's!

Gesunde Milchvielfalt

Das steckt in ihr

Fast immer wird es an erster Stelle genannt, wenn es um die Milch geht: So viel Calcium steckt in keinem anderen Lebensmittel – und es ist essentiell für den Knochenaufbau. Zudem ist Calcium ebenso wichtig, wenn keine Knochenmasse mehr aufgebaut wird: es hält unser Skelett stabil. Mit nur 1/2 l Milch und zwei Scheiben Käse kann man seinen Tagesbedarf auf genussvolle Weise decken. Weitere Mineralstoffe der Milch: Magnesium ist gut fürs Herz und schützt vor Muskelkrämpfen, Jod unterstützt die Schilddrüse.

Vitamin A und D sowie viele Vitamine der B-Gruppe sorgen für einen perfekten Ablauf vieler Körperfunktionen – von der Energiegewinnung bis hin zur Bildung roter Blutkörperchen. Das Eiweiß in der Milch ist besonders hochwertig, da es viele lebensnotwendige Aminosäuren enthält, die der Körper selbst nicht bilden kann. Das leicht verdauliche Milchfett ist äußerst bekömmlich und fördert die Aufnahme der fettlöslichen Vitamine. Der Milchzucker (Lactose) sorgt für eine gesunde Darmflora und fördert die Calciumaufnahme.

Die verschiedenen Milchtypen

Der größte Teil der Milch wird pasteurisiert und homogenisiert, um unerwünschte Keime abzutöten und ihre Konsistenz zu verbessern. Beim Pasteurisieren erhitzt man die Milch für 15–30 Sekunden auf 72–75° (man nennt das auch Kurzzeiterhitzung). Diese Milch ist etwa 5 Tage im Kühlschrank

haltbar. Beim Ultrahocherhitzen wird die Milch für wenige Sekunden auf mindestens 135° erhitzt und sehr sorgfältig verpackt. Die so genannte H-Milch ist ungeöffnet ungekühlt mindestens 8 Wochen haltbar. Durch das Homogenisieren wird das Milchfett bei hohem Druck fein zerkleinert und verteilt. Die sahnigen Bestandteile setzen sich so nicht mehr ab. Milch gibt es als Vollmilch mit 3,5 % Fett, als fettarme Milch mit 1,5 % und als Magermilch mit 0,3 % Fett.

Milchprodukte

Die Buttermilch fällt bei der Butterherstellung an. Sie ist fettarm und leicht säuerlich, schmeckt erfrischend und hat alle wichtigen Nährstoffe der Milch. Kefir ist ein leicht gärendes Sauermilchgetränk mit einem geringen Alkoholgehalt. Er schmeckt aromatisch-säuerlich. Joghurt und saure Sahne sind die wichtigsten Produkte aus Sauermilch und in unterschiedlichen Fettstufen erhältlich. Dickmilch und Sauermilch gehören auch zu diesen Produkten, Dickmilch kann man löffeln, Sauermilch trinken.

In jungen Jahren ist Calcium für den Knochenaufbau sehr wichtig.

Tipps & Tricks

Pürieren leicht gemacht

➤ Wunderbar geschmeidig werden die Shakes, wenn man Früchte oder Gemüse zuerst mit dem Pürierstab mit wenig Flüssigkeit fein püriert und dann mit der restlichen Flüssigkeit aufgießt. Danach muss aber alles noch einmal kräftig durchgemixt werden.

Früchte, die Milch nicht mögen

➤ Rohe Ananas enthalten Bromelin, Kiwis Actinidin – Enzyme, die das Milcheiweiß spalten. Ein Shake mit diesen Früchten schmeckt nach einiger Zeit bitter. Hitze macht die Enzyme unschädlich. Deshalb Shakes mit Ananas und Kiwi gleich trinken oder gegarte Früchte nehmen.

Zitrusfrüchte enthalten viel Säure. Wenn man größere Mengen davon mit Milch erhitzt, kann das Eiweiß in der Milch ausflocken.

Zitrusfrüchte auspressen

➤ Egal, ob Orange, Zitrone, Limette oder Grapefruit – die Früchte geben mehr Saft beim Auspressen, wenn man sie vor dem Aufschneiden und Pressen auf der Arbeitsfläche mit leichtem Druck ein paar Mal hin und her rollt.

Becher und Gläser

➤ Besonders schön sehen hohe Gläser und Becher aus. Zudem bieten sie einen sehr guten Spritzschutz, wenn man die Getränke im Shakegefäß noch einmal kurz aufschäumen will.

Wer gerne heiße Shakes aus Gläsern genießt, sollte auf jeden Fall hitzefeste, dickwandige Gläser wählen. Und: Ein Silberlöffel im Glas, über den man das Getränk schüttet, schützt doppelt.

Saft selber machen

➤ Nicht jeden Saft gibt es überall zu kaufen. Mit einem Entsafter kann man Säfte selber machen. Oder per Hand: Frische Früchte (am besten saftige wie Beeren nehmen) in wenig Wasser weich kochen, in ein mit einem Tuch ausgelegtes Sieb schütten und abtropfen lassen. Dann mit Hilfe des Tuches auspressen.

Früchte und Gemüse vorbereiten

➤ Obst und Gemüse für die Herstellung der Getränke sollten schön reif, aber nicht überreif sein.

Immer braune Stellen und welke Teile wegschneiden und zu weiche Früchte aussortieren.

Beeren besser nur ganz vorsichtig waschen, da sie sich leicht mit Wasser vollsaugen und dann nicht mehr ganz so aromatisch schmecken.

Kleine Helfer aus der Küche

Der Mixer: Das hohe Gefäß mit den eingebauten kleinen Messern ist ideal zum Pürieren. Erst Früchte oder Gemüse mit wenig Flüssigkeit in den Mixer geben und ganz fein zerkleinern. Dann durch die Öffnung im Deckel nach und nach die übrige Flüssigkeit dazugießen. **Ersatz:** Küchenmaschine.

Der Pürierstab: Er funktioniert ähnlich wie der Mixer. Die Zutaten in einen hohen Becher geben und darin mit dem Pürierstab pürieren. Danach eventuell das Püree durch ein Sieb streichen. Mit den übrigen Shakezutaten noch einmal pürieren. **Ersatz:** Flotte Lotte.

Der Shaker: Für Milchgetränke aus rein flüssigen Zutaten kann man auch den Shaker nehmen. Die Zutaten hineingießen und etwa 15 Sekunden gut durchschütteln. Durch ein Barsieb in die bereitgestellten Gläser füllen.

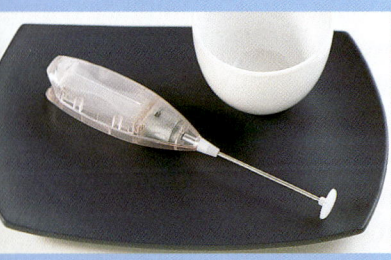

Der Milchaufschäumer: Das batteriebetriebene Minigerät hat einen winzigen Quirl am Ende, der mit rasender Geschwindigkeit durch die Getränke fährt. Ganz nach unten ins Gefäß halten und anschalten. Dann nach und nach nach oben bewegen. Vor dem Rausziehen abschalten!

Der Milchschaumtopf: Er funktioniert ähnlich wie der Aufschäumer. Die Milch im Topf erhitzen. Dann den Deckel auflegen und das integrierte Sieb mit Hilfe des angeschraubten Stabs in der Milch mehrere Male rasch rauf und runter bewegen.

Der Schneebesen: Wer weder den Batterie-Quirl noch den Topf zum Schäumen sein Eigen nennt, nimmt den guten alten Schneebesen – am besten einen etwas kleineren – zu Hilfe und schlägt die Milch damit schön schaumig.

Sirups selber machen

Schokoladensirup

Für 3/8 l Sirup 100 g
Zartbitterkuvertüre zer-
kleinern und im heißen
Wasserbad schmelzen.
25 g Kakaopulver mit
5–6 EL kalter Milch
anrühren und mit 1/8 l
Milch, 125 g Sahne und
50 g Zucker in einem
Topf vermischen und
zum Kochen bringen.
Mit dem Schneebesen
durchrühren und die
geschmolzene Kuver-
türe untermischen. Den
Sirup in eine Flasche
füllen und verschließen.
Im Kühlschrank aufbe-
wahren. **Haltbarkeit:**
3–6 Monate.

Karamellsirup

Für 300 ml Sirup 250 g
Zucker in einem Topf
bei mittlerer Hitze unter
Rühren flüssig und kara-
mellbraun werden las-
sen. 1/4 l Wasser erwär-
men und dazugießen
(Achtung, es zischt ziem-
lich!). Der Karamell wird
dadurch kurz wieder
fest. Unter Rühren noch
so lange kochen, bis die
Masse wieder flüssig
wird. Den Sirup in eine
Flasche füllen und ver-
schließen. Im Kühl-
schrank aufbewahren.
Haltbarkeit: 1 Jahr.

Espressosirup

Für 350 ml Sirup 250 g
Zucker in einem Topf mit
100 ml Wasser erhitzen
und auflösen lassen.
Etwa 5 Min. sprudelnd
kochen lassen, dann
200 ml frisch gekochten
Espresso dazugeben
und den Topf gleich vom
Herd ziehen (kocht leicht
über). 1–2 EL Orangen-
likör (ersatzweise abge-
riebene unbehandelte
Orangenschale) unter-
mischen. Den Sirup in
eine Flasche füllen und
verschließen. Im Kühl-
schrank aufbewahren.
Haltbarkeit: 1 Jahr.

Fruchtsirup

Für 3/8 l Sirup 1/2 l
Fruchtsaft (z. B. von
Orange, Holunder, Jo-
hannisbeere, Zwetschge,
Kirsche) mit 300 g Zucker
in einem Topf erhitzen
und offen etwa 10 Min.
kochen lassen, bis die
Flüssigkeit dickflüssiger
wird. Nach Belieben mit
1 TL abgeriebener un-
behandelter Zitronen-
schale abschmecken.
Sirup in eine Flasche
füllen und verschließen.
Im Kühlschrank aufbe-
wahren. **Haltbarkeit:**
1 Jahr. **Auch sehr fein:**
Statt Fruchtsaft Rotwein
verwenden.

Feste feiern
mit Shakes

Shakes schmecken so gut, dass man sie auch einmal in den Mittelpunkt einer Party stellen kann – ob zum Kindergeburtstag oder Brunch – oder den Couchabend zu zweit damit perfekt versüßt.

➤ Wenn Kinder kommen, ist eines sonnenklar: Alkohol ist tabu. Die Kleinen mögen vor allem cremige Shakes mit feinen Früchten wie Bananen, Erdbeeren oder auch einmal Pfirsichen oder Himbeeren.

Aber gegen eine heiße Schokolade haben sie sicher ebenfalls nichts einzuwenden. Und: Kinder haben Spaß daran, mitmachen zu dürfen. Also ruhig beim Schnippeln und Mixen helfen lassen.

➤ Für die Erwachsenen-Party kann man auswählen, was gefällt. Im Winter schmecken heiße Getränke – ob mit oder ohne Alkohol – besonders gut. Im Sommer bieten sich (exotische) Fruchtdrinks an

oder auch einige der Kreationen mit Alkohol. Am besten wählen Sie Rezepte mit unterschiedlichen Zutaten und Farben aus. Dann ist sicher für jeden etwas dabei und auch das Auge freut sich mit.

➤ Den gemütlichen Abend zu zweit am besten mit ein oder zwei cremigen und/oder fruchtigen Shakes beginnen und mit einem heißen oder einem alkoholischen Shake ausklingen lassen.

Das eignet sich

✗ Bunte Strohhalme mit nicht zu enger Öffnung zum optimalen Schlürfen der Shakes.

✗ Langstielige Löffel zum Auslöffeln von z. B. Früchten in den Shakes, die im Glas nach unten sinken.

✗ Spieße für Früchte und andere Dekos, lang genug, um sie über den Glasrand zu legen.

✗ Schöne Gläser und Becher, am besten möglichst hoch und mit Untertasse. Dazu passende kleine Servietten, die man auf die Untertassen legt.

✗ Grobes Salz, geriebene Nüsse, Kokosflocken oder gröberen Zucker zum Dekorieren der Glasränder. Für pikante Shakes besonders fein: Gomasio, eine Mischung aus Salz und geröstetem Sesam, die man im Naturkostladen kaufen kann.

✗ Früchte oder auch alle anderen Zutaten, die im Drink mit gemixt werden, auf- und/oder eingeschnitten für den Glasrand. Sehr dekorativ sind: Kräuterblättchen, Zitrusschale als Spirale oder in Streifen, Schokospäne, gehackte oder gehobelte Nüsse. Der Fantasie sind keine Grenzen gesetzt!

Abwechselnd mixen

Bereiten Sie alle Zutaten vor und stellen Sie sie neben dem Mixer bereit. So kann immer mal jemand anderes den Barkeeper spielen und Shakes herumreichen.

1

2

Frisch servieren

Ob kalt oder warm, Shakes sehen am appetitlichsten aus und schmecken am besten, wenn man sie frisch serviert. So sind alle Zutaten perfekt gemixt und aufgeschäumte Milch zeigt sich von ihrer besten Seite.

Gemeinsam genießen

3

Kein Shake schmeckt wie der andere, aber alle sind so gut, dass sicher jeder das Richtige finden und genießen kann.

Shakes – kalt und süß

Zwischendurch, wenn der kleine Hunger kommt, sind sie einfach ideal. Milchgetränke mit Frucht oder auch mal mit Schokolade schmecken zum Frühstück oder zwischen den Mahlzeiten. Sie versorgen uns zudem mit wichtigen Nährstoffen, die uns rundum wieder fit machen. Aber auch als Dessert sind sie stets willkommen. Versuchen Sie's mit Beeren, Schokolade oder Nusskernen!

11 Honig-Nuss-Milch
11 Ananas-Kokos-Shake
13 Birnen-Dattel-Shake
13 Orangen-Minze-Shake
13 Sanddornmilch
15 Kaki-Ingwer-Smoothie
15 Schokoshake mit Amarettini
15 Pfirsichmilch
17 Espresso-Eis-Shake
17 Karamellmilch
17 Eisshake

18 Zwetschgen-Apfel-Shake
18 Bananentraum
21 Erdbeershake
21 Himbeerflip
21 Kirsch-Schoko-Milch
23 Quittenshake
23 Zwetschgen-Preiselbeer-Milch
23 Brombeer-Feigen-Shake
25 Bananen-Mango-Shake
25 Exoten Power
25 Maronimilch

Blitzrezepte

Honig-Nuss-Milch

FÜR 2 PERSONEN

➤ 2 EL Haselnussmus
  2 EL flüssiger Honig
  400 ml Milch
  1/2 unbehandelte Zitrone
  1 EL Haselnusskerne

1 | Das Haselnussmus mit dem Honig und der Milch verrühren und mit dem Aufschäumer gut schaumig schlagen.

2 | Die Zitronenhälfte heiß waschen, die Schale fein abreiben, den Saft auspressen. Die Haselnusskerne fein hacken oder in feine Scheiben hobeln oder schneiden.

3 | Shake mit 2–3 TL Zitronensaft abschmecken, in Gläser füllen. Nüsse und Zitronenschale mischen, darauf streuen.

Ananas-Kokos-Shake

FÜR 2 PERSONEN

➤ 6 Scheiben Ananas
  (ungesüßt aus der Dose)
  200 ml Kokosmilch
  200 ml Milch
  1 EL Limettensaft
  (ersatzweise Zitronensaft)
  2 Päckchen Bourbon-
  Vanillezucker

1 | Die Ananas abtropfen lassen und in grobe Stücke schneiden. Mit der Kokosmilch mit dem Pürierstab oder im Mixer pürieren.

2 | Dann Milch, Limettensaft und Vanillezucker dazugeben und alles nochmals kräftig durchmixen. Shake in Gläser füllen und gleich servieren.

mild | cremig
Birnen-Dattel-Shake

FÜR 2 PERSONEN

➤ 1 saftige Birne (z. B. Gute Luise oder Williams Christ)
   10 Datteln
   300 ml Milch
   1 EL Birnendicksaft
   2 TL Zitronensaft
   1 Prise gemahlene Nelken

🕐 Zubereitung: 10 Min.
➤ Pro Portion ca.: 230 kcal

1 | Die Birne der Länge nach vierteln, schälen und vom Kerngehäuse befreien. Die Birnenviertel in grobe Stücke schneiden. Die Datteln der Länge nach aufschneiden und die Kerne herauslösen.

2 | Birnenstücke, Datteln, Milch, Birnendicksaft und Zitronensaft mit dem Pürierstab oder im Mixer pürieren. In Gläser füllen und nach Wunsch mit dem Aufschäumer nochmals aufmixen. Mit den gemahlenen Nelken bestäuben und sofort trinken.

fruchtig | säuerlich
Orangen-Minze-Shake

FÜR 2 PERSONEN

➤ 2 Blutorangen
   4 Stängel Minze
   3 EL Karamellsirup (ersatzweise Zucker)
   1/4 l Milch
   100 g Naturjoghurt
   1 EL Pistazienkerne, ungesalzen

🕐 Zubereitung: 15 Min.
➤ Pro Portion ca.: 220 kcal

1 | Von den Blutorangen die Schale samt der weißen Haut abschneiden. Das Fruchtfleisch fein würfeln, dabei die Kerne entfernen. Die Minze waschen, trockenschütteln und die Blättchen abzupfen. Ein paar schöne Blättchen für die Deko beiseite legen.

2 | Orangen und Minzeblättchen mit dem Pürierstab oder im Mixer pürieren und durch ein Sieb streichen. Das Püree mit Sirup, Milch und Joghurt verrühren, in Gläser füllen. Nach Wunsch mit dem Aufschäumer aufmixen. Pistazien fein hacken, darauf streuen.

säuerlich | cremig
Sanddornmilch

FÜR 2 PERSONEN

➤ 1 Vanilleschote
   1 EL Walnusskerne
   1 EL Kakaopulver
   4 EL Sanddornaufstrich
   400 ml Milch
   1 EL Vanilleeis
   2 TL Zucker

🕐 Zubereitung: 5 Min.
➤ Pro Portion ca.: 145 kcal

1 | Die Vanilleschote der Länge nach aufschlitzen und das Mark mit dem Messerrücken herauskratzen. Die Walnusskerne hacken.

2 | Walnüsse (bis auf einen kleinen Rest) mit Kakaopulver, Sanddornaufstrich, Milch und Eis im Mixer pürieren und in Gläser füllen. Vanillemark und Zucker vermischen, mit den übrigen Walnüssen darauf streuen.

TIPP Sanddornaufstrich bekommen Sie im Reformhaus. Als Ersatz können Sie auch Hagebuttenmus nehmen.

herzhaft | exotisch

Kaki-Ingwer-Smoothie

FÜR 2 PERSONEN

➤ 1 Kaki
(etwa 220 g)
1 Limette
1 Stück frischer Ingwer
(etwa 1/2 cm)
1/8 l Kokosmilch
200 ml Milch
1 EL Vanille- oder Kokoseis
1 EL Honig
1 Stück kandierter Ingwer
nach Belieben

🕒 Zubereitung: 15 Min.
➤ Pro Portion ca.: 110 kcal

1 | Die Kaki schälen und grob
würfeln. Die Limette heiß
waschen und etwas Schale
dünn abschneiden, dann den
Saft auspressen. Den Ingwer
schälen und sehr fein hacken.

2 | Kaki, Limettensaft, Ingwer,
Kokosmilch, Milch, Eis und
Honig im Mixer fein pürieren
und in Gläser füllen.

3 | Kandierten Ingwer fein
hacken, Limettenschale in
dünne Streifen schneiden.
Beides aufstreuen.

als Dessert | cremig

Schokoshake mit Amarettini

FÜR 2 PERSONEN

➤ 40 g Amarettini
50 g Vollmilchschokolade
2 EL Kakaopulver
400 ml Milch
1 EL Espressosirup

🕒 Zubereitung: 20 Min.
➤ Pro Portion ca.: 375 kcal

1 | Die Amarettini in einen
Plastikbeutel füllen und mit
dem Nudelholz so lange da-
rüber rollen, bis feine Brösel
entstanden sind. 2 TL für die
Deko beiseite legen.

2 | Die Schokolade in Stücke
brechen und in einer Tasse im
heißen Wasserbad schmelzen.
Etwas abkühlen lassen, dann
mit den Amarettinibröseln,
dem Kakaopulver, der Milch
und dem Espressosirup mit
dem Pürierstab oder im
Mixer fein pürieren.

3 | Den Shake in Gläser füllen
und mit den beiseite gelegten
Amarettinibröseln bestreuen.

cremig | mild

Pfirsichmilch

FÜR 2 PERSONEN

➤ 4 Pfirsichhälften
(aus der Dose)
1 EL Zitronensaft
2 EL geriebene Mandeln
1/4 l Milch
100 g Buttermilch
2 EL Zucker
gemahlener Kardamom
zum Bestäuben

🕒 Zubereitung: 10 Min.
➤ Pro Portion ca.: 275 kcal

1 | Die Pfirsiche abtropfen
lassen und in grobe Stücke
schneiden.

2 | Pfirsiche mit Zitronensaft,
Mandeln, Milch, Buttermilch
und Zucker mit dem Pürier-
stab oder im Mixer pürieren.
In Gläser füllen, mit wenig
Kardamom bestäuben.

TIPP Im Sommer schmeckt
die Milch mit frischen
aromatischen Pfirsichen
noch feiner. Diese am
besten mit kochendem
Wasser überbrühen
und die Haut abziehen.

erfrischend | leicht
Espresso-Eis-Shake

FÜR 2 PERSONEN

➤ 1/8 l heißer starker Espresso

1 Päckchen Bourbon-Vanillezucker

1 TL Kakaopulver

1 Kugel Vanilleeis

300 ml Milch

🕐 Zubereitung: 10 Min.

🕐 Gefrierzeit ca.: 4 Std.

➤ Pro Portion ca.: 145 kcal

1 | Den Espresso mit Vanillezucker und dem Kakaopulver mischen. Abkühlen lassen, dann für etwa 4 Stunden ins Gefrierfach stellen. Immer mal wieder durchrühren. Die letzten 10 Minuten die Gläser mit tiefkühlen.

2 | Espressoeis mit Vanilleeis und Milch mit dem Pürierstab oder im Mixer kurz aufmixen. In die Gläser füllen, mit Strohhalm servieren.

➤ Dazu passen: feine Butterkekse, Waffelgebäck oder Schoko-Kaffeebohnen

fruchtig | würzig
Karamellmilch

FÜR 2 PERSONEN

➤ 60 g Zucker

100 ml Orangensaft (am besten frisch gepresst)

1/4 l Milch

150 g sahniger Naturjoghurt

1 EL Orangenmarmelade

Kakaopulver zum Bestäuben

🕐 Zubereitung: 10 Min. (ohne Abkühlzeit)

➤ Pro Portion ca.: 320 kcal

1 | Den Zucker in einem Topf bei mittlerer Hitze schmelzen und karamellbraun werden lassen. Den Orangensaft dazugießen (Achtung, es zischt ziemlich!) und weiterrühren und -kochen, bis sich der Zucker wieder gelöst hat. Abkühlen lassen.

2 | Den Orangenkaramell mit Milch, Joghurt und Orangenmarmelade mit dem Pürierstab oder im Mixer fein pürieren und in Gläser füllen. Mit Kakaopulver bestäuben und servieren.

erfrischend | cremig
Eisshake

FÜR 2 PERSONEN

➤ 1 unbehandelte Zitrone

25 g Vollmilchschokolade

2 Kugeln Cassis- oder Himbeereis

350 ml Milch

100 g Sahne

1 EL Fruchtsirup (am besten Johannisbeer- oder Holundersirup, ersatzweise Honig)

🕐 Zubereitung: 10 Min.

➤ Pro Portion ca.: 395 kcal

1 | Die Zitrone heiß waschen, die Schale dünn abschälen und zusammen mit der Schokolade sehr fein schneiden.

2 | Das Eis etwas antauen lassen, dann mit Milch, Sahne und Sirup mit dem Pürierstab oder im Mixer kurz aufmixen. In Gläser füllen und mit der Schokoladen-Zitronen-Mischung bestreuen.

TIPP Gut schmeckt auch Zitronen-, Bananen-, Joghurt- oder Nusseis.

würzig | fruchtig

Zwetschgen-Apfel-Shake

FÜR 2 PERSONEN

➤ 10 getrocknete entsteinte Pflaumen
Saft von 1 Orange
2 kleine säuerliche Äpfel (z. B. Boskop oder Gravensteiner)
1 Päckchen Bourbon-Vanillezucker
1 Prise Zimtpulver
1 Prise gemahlene Nelken
1 EL Honig
2 TL Zitronensaft
300 ml Milch

🕐 Zubereitung: 30 Min.
➤ Pro Portion ca.: 250 kcal

1 | Die Pflaumen in kleine Würfel schneiden und mit dem Orangensaft in einer Schüssel mischen. Abdecken und 15 Min. quellen lassen.

2 | Die Äpfel vierteln, schälen und von den Kerngehäusen befreien. Die Apfelviertel mit Vanillezucker, Zimtpulver, gemahlenen Nelken und 2 EL Wasser in einen Topf geben. Alles erhitzen und die Äpfel zugedeckt bei schwacher Hitze in etwa 10 Min. weich dünsten. Gelegentlich umrühren und bei Bedarf etwas Wasser dazugeben.

3 | Die Pflaumen mit dem Orangensaft und dem Honig mit dem Pürierstab oder im Mixer fein pürieren. Eventuell mit etwas Wasser verdünnen.

4 | Die Äpfel etwas abkühlen lassen, dann mit dem Zitronensaft und der Milch fein pürieren. Die Apfelmilch in Gläser füllen, die Pflaumensauce darauf tröpfeln und mit dem Stäbchen marmorartig unterrühren.

würzig | zum Löffeln

Bananentraum

FÜR 2 PERSONEN

➤ 2 Bananen
1 EL Zitronensaft
1/8 l frisch gekochter Espresso, bereits abgekühlt
3 EL Birnendicksaft
200 ml Milch
150 g Naturjoghurt

🕐 Zubereitung: 15 Min.
➤ Pro Portion ca.: 200 kcal

1 | Die Bananen schälen und in grobe Würfel schneiden. Mit dem Zitronensaft gründlich mischen.

2 | Espresso mit Bananen, Birnendicksaft, Milch und Joghurt mit dem Pürierstab oder im Mixer fein pürieren. In zwei Gläser füllen und sofort trinken.

TIPP

DEKO
Für den feinen Bananentraum Bananenscheiben einschneiden, mit dem Rand in Kakaopulver wälzen und an den Glasrand stecken. Ebenfalls schön: ein paar Kaffeebohnen aus Schokolade auf den Shake streuen. Oder Baby-Bananen waschen, samt der Schale längs halbieren, auf der Schalenseite einschneiden und an den Glasrand stecken. Für den Zwetschgen-Apfel-Shake 1 unbehandelte Orange heiß waschen, die Schale dünn und spiralförmig abschneiden. An den Glasrand hängen.

fruchtig | würzig
Erdbeershake

FÜR 2 PERSONEN
➤ 250 g Erdbeeren
1 EL Puderzucker
4 Stängel Basilikum
1 TL grüne Pfefferkörner,
frisch oder eingelegt
350 ml Milch
1 TL Zitronensaft
1 EL Karamellsirup
(ersatzweise Honig)

🕐 Zubereitung: 10 Min.
➤ Pro Portion ca.: 200 kcal

1 | Die Erdbeeren vorsichtig waschen, abtropfen lassen. Die Kelche herausdrehen oder -schneiden. Erdbeeren klein würfeln und mit dem Puderzucker mischen.

2 | Die Basilikumblättchen abzupfen und eventuell mit Küchenpapier trocken abreiben. Erdbeeren mit Basilikum, Pfeffer, Milch, Zitronensaft und dem Karamellsirup mit dem Pürierstab oder im Mixer fein pürieren. In Gläser füllen.

erfrischend | zum Löffeln
Himbeerflip

FÜR 2 PERSONEN
➤ 150 g TK-Himbeeren
2 EL Kokosflocken
200 ml Milch
120 ml Kokosmilch
3 EL Puderzucker
etwas abgeriebene unbehandelte Zitronenschale

🕐 Zubereitung: 5 Min.
➤ Pro Portion ca.: 180 kcal

1 | Von den Himbeeren ein paar beiseite legen. Den Rest der Beeren unaufgetaut mit 1 EL Kokosflocken, der Milch und der Kokosmilch sowie dem Puderzucker im Mixer fein pürieren.

2 | Übrige Kokosflocken mit der Zitronenschale mischen.

3 | Den Himbeerflip in die Gläser gießen und mit der Kokos-Zitronen-Mischung und den übrigen Himbeeren garnieren.

cremig | mild
Kirsch-Schoko-Milch

FÜR 2 PERSONEN
➤ 250 g saftige süße Kirschen (ersatzweise 200 g Schattenmorellen aus dem Glas)
50 ml Orangensaft
2 EL Kakaopulver
2 EL Zucker
300 ml Milch
Borkenschokolade zum Garnieren

🕐 Zubereitung: 15 Min.
➤ Pro Portion ca.: 300 kcal

1 | Die Kirschen waschen, entstielen und entsteinen. Mit dem Orangensaft mit dem Pürierstab oder im Mixer pürieren.

2 | Kakaopulver mit Zucker und der Hälfte der Milch verrühren und erwärmen, bis der Kakao gelöst ist. Abkühlen lassen, mit dem Kirschpüree und der übrigen Milch nochmals pürieren. In Gläser füllen, mit der Schokolade garnieren.

fruchtig | zum Löffeln

Quittenshake

FÜR 2 PERSONEN

➤ 1 Quitte (etwa 250 g)

1/8 l Quittensaft
(ersatzweise Cidre)

2 EL Zucker

1 Stück Zimstange

350 ml Milch

2 EL Quittengelee
(ersatzweise Birnen-
dicksaft oder Zucker)

frisch geriebene Muskat-
nuss zum Bestäuben

🕐 Zubereitung: 30 Min.

➤ Pro Portion ca.: 285 kcal

1 | Den Flaum der Quitten-
schale abreiben. Quitte vier-
teln, schälen, entkernen und
klein würfeln. Mit Quittensaft, Zucker und Zimt aufkochen. Zugedeckt etwa 15 Min.
bei mittlerer Hitze garen, bis
die Quittenwürfel weich sind.

2 | Würfel abkühlen lassen,
Zimt entfernen. Quitte samt
Sud mit der Milch und dem
Gelee mit dem Pürierstab
oder im Mixer fein pürieren.
In Gläser füllen und leicht
mit Muskat bestäuben.

fruchtig | würzig

Zwetschgen-Preiselbeer-Milch

FÜR 2 PERSONEN

➤ 250 g Zwetschgen

1 Vanilleschote

1 1/2 EL Zucker

50 ml Rotwein (ersatz-
weise roter Fruchtsaft)

300 ml Milch

2 EL Wildpreiselbeeren
(aus dem Glas)

🕐 Zubereitung: 25 Min.

➤ Pro Portion ca.: 190 kcal

1 | Die Zwetschgen waschen,
halbieren, entsteinen und
klein würfeln. Vanilleschote
der Länge nach aufschlitzen
und das Mark herauskratzen.
Zwetschgen mit Vanillemark,
Zucker und Wein aufkochen
und zugedeckt 10 Min. bei
mittlerer Hitze, dann noch
5 Min. offen kochen lassen.
Abkühlen lassen.

2 | Zwetschgen samt Sud mit
der Milch und den Preiselbeeren mit dem Pürierstab
oder im Mixer pürieren und
in Gläser füllen.

fruchtig | mild

Brombeer-Feigen-Shake

FÜR 2 PERSONEN

➤ 3 Feigen

200 g Brombeeren

1 TL Zitronensaft

2 EL Karamellsirup
(ersatzweise Honig)

1 EL Mandelmus

1/4 l Milch

100 g saure Sahne

1 EL Pistazienkerne,
ungesalzen

🕐 Zubereitung: 10 Min.

➤ Pro Portion ca.: 330 kcal

1 | Die Feigen schälen und
aus der Mitte zwei schöne
Spalten herausschneiden.
Den Rest fein würfeln. Die
Brombeeren verlesen und
vorsichtig waschen.

2 | Feigen und Brombeeren
mit Zitronensaft, Sirup, Mus,
Milch und saurer Sahne mit
dem Pürierstab oder im
Mixer fein pürieren, in Gläser
füllen. Pistazien reiben oder
sehr fein hacken und darauf
streuen. Die Feigenspalten
an den Glasrand stecken.

exotisch | fruchtig

Bananen-Mango-Shake

FÜR 2 PERSONEN

- 1/2 Mango
- 1 Banane
- 2 EL Limettensaft
- 2 EL Kokossirup (ersatzweise Karamellsirup oder Puderzucker)
- 100 ml Kokosmilch
- 300 ml Milch
- gemahlener Kardamom zum Bestäuben

🕐 Zubereitung: 10 Min.
- Pro Portion ca.: 170 kcal

1 | Die Mangohälfte schälen und das Fruchtfleisch in sehr feinen Scheiben vom Stein schneiden. Ein paar Scheiben beiseite legen. Die Banane schälen und grob würfeln.

2 | Mango und Banane mit Limettensaft, Kokossirup und -milch sowie der Milch mit dem Pürierstab oder im Mixer fein pürieren. In Gläser füllen, mit den restlichen Mangoscheiben garnieren und mit etwas Kardamom leicht bestäuben.

---

fruchtig | vitaminreich

Exoten Power

FÜR 2 PERSONEN

- 100 g Kapstachelbeeren (Physalis)
- 1 kernlose Clementine
- 1/2 Papaya
- 1 Limette
- 2 EL Kokosflocken
- 350 ml Milch
- 3 EL Ahornsirup
- 1 Scheibe Ananas

🕐 Zubereitung: 15 Min.
- Pro Portion ca.: 360 kcal

1 | Kapstachelbeeren aus der Hülle lösen. 2 beiseite legen, die restlichen halbieren. Die Clementine schälen und von allen Häuten befreien. Die Papaya von den Kernen befreien, schälen und würfeln. Die Limette auspressen.

2 | Vorbereitete Früchte mit Limettensaft, Kokosflocken, Milch und Sirup mit dem Pürierstab oder im Mixer pürieren und in Gläser füllen. Die Ananasscheibe schälen, vierteln und einschneiden. Übrige Physalis einschneiden und mit der Ananas an den Glasrand stecken.

---

cremig | mild

Maronimilch

FÜR 2 PERSONEN

- 100 g gegarte geschälte Maroni (vakuumverpackt)
- 100 ml Grapefruitsaft (am besten frisch gepresst)
- 2 EL Karamellsirup (ersatzweise Honig)
- 1 EL Apfelgelee (ersatzweise Quittengelee)
- 1/4 l Milch
- 150 g Buttermilch (ersatzweise Kefir)
- gemahlene Nelken zum Bestäuben

🕐 Zubereitung: 10 Min.
- Pro Portion ca.: 280 kcal

1 | Maroni grob würfeln und mit Saft, Sirup und Gelee mit dem Pürierstab pürieren. Die Milch und Buttermilch dazugeben, nochmals aufmixen.

2 | Die Maronimilch in Gläser füllen und mit gemahlenen Nelken bestäuben.

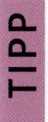

TIPP Wer keine Maroni bekommt, nimmt stattdessen Nussmus und etwas geschmolzene Schokolade.

Shakes – kalt und würzig

Immer wieder Lust auf Milch, aber nicht immer auf Süßes? Dann sind Sie hier goldrichtig, denn in diesem Kapitel geht es um Milch mit würzigen Kräutern und pikantem Gemüse gemixt – manchmal mit ein bisschen Frucht aromatisiert, aber immer mit viel Geschmack. Die vitaminreichen Shakes sind ideal als kleine Zwischenmahlzeit, schmecken als Imbiss oder sogar mal als ungewöhnliche Vorspeise oder Aperitif.

27 Kräutershake

27 Radieschenmilch

29 Kardamom-Möhren-Shake

29 Limetten-Avocado-Shake

29 Rucolashake

31 Paprika-Sellerie-Shake

31 Pikante Melonenmilch

31 Peppermint Shake

32 Pink Shake

32 Tomatenshake

35 Apfel-Tomaten-Shake

35 Gurken-Kresse-Mix

35 Zucchini-Mango-Shake

Blitzrezepte

Kräutershake

FÜR 2 PERSONEN

➤ 1 Bund gemischte Kräuter
(z. B. Basilikum, Dill, Petersilie,
Borretsch und Schnittlauch)
1 Knoblauchzehe
1/4 l Milch | 200 g Naturjoghurt
2 EL Sonnenblumenkerne
Salz | Pfeffer, frisch gemahlen

1 | Kräuter waschen und trockenschütteln.
Grobe Stängel entfernen, ein paar Blätt-
chen beiseite legen. Knoblauch schälen
und durch die Presse drücken.

2 | Kräuter, Knoblauch, Milch, Joghurt
und Sonnenblumenkerne mit dem Pürierstab oder im Mixer fein pürieren. Salzen
und pfeffern. In Gläser füllen, mit den beiseite gelegten Kräuterblättchen garnieren.

Radieschenmilch

FÜR 2 PERSONEN

➤ 1 kleines Bund Radieschen
200 ml Milch
200 ml Buttermilch
Salz | Pfeffer, frisch gemahlen
ein paar Spritzer Tabascosauce
1/2 Kästchen Gartenkresse

1 | Radieschen waschen und putzen. Ein
paar große Scheiben aus der Mitte herausschneiden, Rest würfeln und mit Milch
und Buttermilch mit dem Pürierstab oder
im Mixer fein pürieren.

2 | Die Radieschenmilch mit Salz, Pfeffer
und Tabasco abschmecken und in Gläser
füllen. Die Kresse mit der Küchenschere
abschneiden und mit den Radieschen-
scheiben darauf streuen.

mild | fruchtig
Kardamom-Möhren-Shake

FÜR 2 PERSONEN

➤ 200 g Möhren
  2 grüne Kardamomkapseln
  200 ml naturtrüber Apfelsaft
  150 g saure Sahne
  1/4 l Milch | Salz
  Pfeffer, frisch gemahlen
  1/2 TL gemahlener Kardamom
  etwas unbehandelte Zitronenschale, in feinen Streifen oder als Spirale

🕐 Zubereitung: 35 Min.
➤ Pro Portion ca.: 250 kcal

1 | Möhren schälen, in dünne Scheiben schneiden. Mit Kardamomkapseln und Apfelsaft bei mittlerer Hitze in 20 Min. zugedeckt weich kochen. Abkühlen lassen, den Kardamom entfernen.

2 | Möhren mit Sud, saurer Sahne und Milch mit dem Pürierstab oder im Mixer pürieren. Mit Salz, Pfeffer und Kardamom würzen, in Gläser füllen. Mit Zitronenschale garnieren.

zum Löffeln | cremig
Limetten-Avocado-Shake

FÜR 2 PERSONEN

➤ 1/2 Avocado
  1 Limette
  1 kleines Stück rote Chilischote
  4 Stängel Zitronenmelisse
  400 ml Milch
  Salz
  1 Prise gemahlener Kreuzkümmel

🕐 Zubereitung: 10 Min.
➤ Pro Portion ca.: 250 kcal

1 | Die Avocado schälen und grob würfeln. Die Limette heiß waschen und die Schale abreiben, den Saft auspressen. Chili fein hacken. Die Melisse waschen, trockenschütteln und die Blättchen abzupfen, ein paar Blättchen für die Deko beiseite legen.

2 | Avocado mit Limettensaft und -schale, Chili, Melisse und Milch mit dem Pürierstab oder im Mixer pürieren. Mit Salz und Kreuzkümmel abschmecken. Übrige Melisse fein schneiden und den Shake damit garnieren.

würzig | erfrischend
Rucolashake

FÜR 2 PERSONEN

➤ 1 großes Bund Rucola
  1 EL Pinienkerne
  2 TL Kapern
  1/4 l Milch
  200 g cremige saure Sahne
  Salz
  Pfeffer, frisch gemahlen
  abgeriebene Schale von 1/2 unbehandelten Zitrone

🕐 Zubereitung: 15 Min.
➤ Pro Portion ca.: 200 kcal

1 | Den Rucola verlesen und von den dicken Stielen befreien. Waschen, trockenschleudern und grob hacken.

2 | Rucola mit Pinienkernen, Kapern, Milch und saurer Sahne mit dem Pürierstab oder im Mixer fein pürieren. Mit Salz und Pfeffer würzen und in Gläser füllen. Mit der Zitronenschale bestreuen.

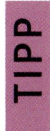

TIPP Versuchen Sie den Shake statt mit Rucola auch einmal mit Kerbel, Bärlauch oder glatter Petersilie.

würzig | vitaminreich

Paprika-Sellerie-Shake

FÜR 2 PERSONEN

➤ 1 kleine rote Paprikaschote
   1 Stange Staudensellerie
   50 g Gorgonzola (ersatzweise ein anderer Blauschimmelkäse)
   2 Zweige Thymian
   400 ml Milch
   Salz
   Pfeffer, frisch gemahlen
   1 Messerspitze Harissa (scharfe Chilipaste)

⏱ Zubereitung: 10 Min.
➤ Pro Portion ca.: 240 kcal

1 | Die Paprika und den Sellerie waschen, putzen und in Würfel schneiden. Den Käse entrinden. Thymian waschen, trockenschütteln, Blättchen von den Zweigen streifen.

2 | Gemüse, Käse und Thymian mit der Milch mit dem Pürierstab oder im Mixer fein pürieren. Mit Salz, Pfeffer und Harissa abschmecken und in Gläser füllen.

fruchtig | scharf

Pikante Melonenmilch

FÜR 2 PERSONEN

➤ 1 Stück Galia-Melone (etwa 300 g)
   1 Bund Dill
   1 grüne Chilischote
   1 EL Zitronensaft
   1/4 l Milch
   150 g Buttermilch
   1 TL Honig
   Salz

⏱ Zubereitung: 10 Min.
➤ Pro Portion ca.: 195 kcal

1 | Die Melone von den Kernen samt dem faserigen Fleisch befreien, schälen und grob würfeln. Dill waschen und trockenschütteln, Spitzen abzupfen. Chili waschen, putzen und fein würfeln.

2 | Melone mit Dill, Chili, Zitronensaft, Milch und der Buttermilch mit dem Pürierstab oder im Mixer pürieren. Mit Honig und Salz würzen und in Gläser füllen.

würzig | erfrischend

Peppermint Shake

FÜR 2 PERSONEN

➤ 1 Bund Pfefferminze
   1 Limette
   1/4 l Milch
   200 g saure Sahne
   2 Eiswürfel
   Salz
   Cayennepfeffer

⏱ Zubereitung: 10 Min.
➤ Pro Portion ca.: 195 kcal

1 | Minze waschen und trockenschütteln, Blättchen abzupfen. Limette heiß waschen, die Schale abreiben, den Saft auspressen.

2 | Minze mit Limettensaft, Milch, saurer Sahne und Eiswürfeln im Mixer pürieren. Mit Limettenschale, Salz und Cayennepfeffer abschmecken und in Gläser füllen.

TIPP Es gibt verschiedene Minzesorten zu kaufen. Versuchen Sie auch einmal Orangenminze.

zum Löffeln
vitaminreich

Pink Shake

FÜR 2 PERSONEN

➤ 1 kleine Rote Bete
(etwa 200 g)
1 Blutorange
100 ml Holundersaft
(ersatzweise Johannis-
beersaft) | 1/8 l Milch
1/8 l Buttermilch
1 Prise Zucker | Salz
Pfeffer, frisch gemahlen
2 TL cremige saure Sahne
Dillspitzen zum Garnieren

🕓 Zubereitung: 15 Min.
🕓 Kochzeit: 30–40 Min.
➤ Pro Portion ca.: 100 kcal

1 | Die Rote Bete waschen
und in einem Topf mit
Wasser bedeckt zum Kochen
bringen. Bei mittlerer Hitze
zugedeckt 30–40 Min. garen,
bis sie weich ist.

2 | Rote Bete abtropfen und
auskühlen lassen, dann
schälen und in grobe Würfel
schneiden. Blutorange ebenfalls schälen und die Filets
zwischen den Trennwänden
herausschneiden, dabei die
Kerne entfernen.

3 | Rote Bete und Orange mit
Saft, Milch und Buttermilch
mit dem Pürierstab oder im
Mixer pürieren. Mit Zucker,
Salz und Pfeffer würzen.

4 | Shake in Gläser füllen, je
1 TL saure Sahne darauf setzen und mit einem Stäbchen
leicht spiralig verziehen. Mit
Dill garnieren.

fruchtig | würzig

Tomatenshake

FÜR 2 PERSONEN

➤ 2 EL Pinienkerne
5 getrocknete Tomaten,
in Öl eingelegt
2 feste frische Tomaten
100 g cremige saure Sahne
300 ml Milch
Salz
Pfeffer, frisch gemahlen
1 Prise Cayennepfeffer
Basilikumblättchen zum
Garnieren

🕓 Zubereitung: 15 Min.
➤ Pro Portion ca.: 175 kcal

1 | Die Pinienkerne in einer
Pfanne ohne Fett bei mittlerer
Hitze rösten, bis sie goldgelb
sind. Aus der Pfanne nehmen

und grob hacken. 2 TL davon
für die Deko beiseite legen.

2 | Getrocknete Tomaten
abtropfen lassen und grob
hacken. Frische Tomaten
waschen und würfeln, dabei
den Stielansatz entfernen.

3 | Getrocknete und frische
Tomaten mit den Pinienker-
nen und der sauren Sahne
mit dem Pürierstab oder im
Mixer fein pürieren. Milch
untermixen und den Shake
mit Salz, Pfeffer und Cayennepfeffer pikant abschmecken.

4 | Shake in Gläser füllen, je
1 TL beiseite gelegte Pinienkerne darauf streuen und mit
Basilikum garnieren.

TIPPS

Wenn die frischen
Tomaten viele Kerne
enthalten, diese beim
kleinschneiden mög-
lichst entfernen.

Noch mehr Aroma
bekommt der Shake,
wenn man ihn mit
etwas Tomatenmark
und eventuell 1 Spritzer
Aceto balsamico würzt.

im Bild hinten: **Pink Shake**   *vorne:* **Tomatenshake** ➤

fruchtig | herzhaft

Apfel-Tomaten-Shake

FÜR 2 PERSONEN

➤ 1 kleiner säuerlicher Apfel
(etwa 150 g)

1 TL grüne Pfefferkörner,
frisch oder eingelegt

1 Bund Basilikum

100 ml Tomatensaft

200 g Buttermilch

200 ml Milch

Salz | 1 Prise Zucker

🕐 Zubereitung: 20 Min.

➤ Pro Portion ca.: 130 kcal

1 | Apfel vierteln, schälen und vom Kerngehäuse befreien. In Schnitze schneiden und mit 2 EL Wasser und den Pfefferkörnern bei schwacher Hitze zugedeckt 10 Min. dünsten.

2 | Basilikumblätter abzupfen, ein paar beiseite legen. Apfel mit Pfeffer, Basilikum und Saft mit dem Pürierstab oder im Mixer pürieren. Buttermilch und Milch dazugeben und alles noch einmal mixen. Mit Salz und Zucker würzen und in Gläser füllen. Übriges Basilikum fein schneiden und darüber streuen.

erfrischend | leicht

Gurken-Kresse-Mix

FÜR 2 PERSONEN

➤ 1/2 Salatgurke
(etwa 200 g)

1 Kästchen Gartenkresse

200 g Kefir

200 ml Milch

2 TL Meerrettich,
frisch gerieben oder
aus dem Glas

Salz

1 TL Honig (ersatzweise
Ahornsirup)

🕐 Zubereitung: 10 Min.

➤ Pro Portion ca.: 145 kcal

1 | Die Gurke schälen und der Länge nach halbieren. Die Kerne herauskratzen, Hälften klein würfeln. Kresse mit der Küchenschere abschneiden, 2 TL davon beiseite legen.

2 | Gurke, Kresse und Kefir mit dem Pürierstab oder im Mixer fein pürieren. Milch und Meerrettich dazugeben und noch einmal kräftig mixen. Mit Salz und Honig abschmecken und in Gläser füllen. Mit der übrigen Kresse garnieren.

vitaminreich | fruchtig

Zucchini-Mango-Shake

FÜR 2 PERSONEN

➤ 1 kleiner Zucchino
(etwa 120 g)

1/4 Mango (etwa 150 g)

2 EL helle Sesamsamen

1/8 l Möhrensaft

300 g Milch

2 TL Zitronensaft

Salz

Gomasio (Sesamsalz)
nach Belieben

🕐 Zubereitung: 15 Min.

➤ Pro Portion ca.: 175 kcal

1 | Zucchino waschen, putzen, grob würfeln. Mango schälen und ebenfalls würfeln. Sesam in einer Pfanne bei mittlerer Hitze ohne Fett anrösten, bis er würzig duftet, dann im Mörser fein zerdrücken.

2 | Zucchino, Mango, Sesam und Möhrensaft mit dem Pürierstab oder im Mixer fein pürieren. Milch dazugeben und nochmals durchmixen. Shake mit Zitronensaft und Salz würzen und in Gläser füllen. Nach Belieben mit Gomasio bestreuen.

Shakes – heiß serviert

So richtig kalt draußen und zum Aufwärmen was Dampfendes gewünscht? Einen besonderen Schlummertrunk nach dem anstrengenden Tag? Oder einfach nur Lust auf etwas frisch Aufgebrühtes zum Entspannen am Nachmittag? Dann versuchen Sie doch mal Latte macchiato oder heiße Schokolade und andere Milchgetränke – manchmal sogar mit eisiger Zugabe. Alles Köstlichkeiten richtig zum Verwöhnen und Wohlfühlen!

37	Cookie Shake	43	Mokkaschaum
37	Heiß und Eis	43	Cappuccino
39	Heiße Bananenmilch	44	Egg nogg
39	Beerenmilch mit Mohn	44	Heiße Apfelmilch mit Eis
39	Heiße Orangen-Zimt-Milch	47	Hagebuttenshake
40	Heiße Schokolade	47	Kardamommilch
40	Heißer Kakao	47	Yogi-Tee rich
43	Latte macchiato		

Blitzrezepte

Cookie Shake

FÜR 2 PERSONEN

➤ 60 g mürbe Kekse (z. B. Butterkekse, Spekulatius oder Brownies)
100 g Sahne
1 EL Honig
350 ml Milch
Lebkuchengewürz zum
Bestäuben (ersatzweise
Zimtpulver)

1 | Die Kekse mit den Fingern zerbröseln
und mit der Sahne und dem Honig vermischen. 5 Min. quellen lassen.

2 | Die Milch in einem Topf erhitzen, aber
nicht kochen lassen. Kekse einrühren und
alles mit dem Pürierstab gut durchmixen.
In Tassen oder Gläser füllen und mit dem
Lebkuchengewürz bestäuben.

Heiß und Eis

FÜR 2 PERSONEN

450 ml Milch
3 EL Honig
3 EL Mandelmus
1 Prise Zimtpulver
2 Kugeln Vanilleeis
1 Aprikosenhälfte (aus der Dose)
nach Belieben

1 | Die Milch mit dem Honig und dem
Mandelmus in einem Topf mit dem
Pürierstab fein pürieren. Erhitzen, aber
nicht kochen lassen. Mit Zimt würzen.

2 | Die Milch in Becher oder Gläser füllen
und jeweils 1 Kugel Vanilleeis in die Mitte
setzen. Nach Belieben die Aprikosenhälfte
in Spalten schneiden und den Shake damit
garnieren.

cremig | zum Löffeln
Heiße Bananen- milch

FÜR 2 PERSONEN

➤ 1 Banane
 1 EL Butter
 2 EL Honig
 1 TL Zitronensaft
 400 ml Milch
 Zimtpulver zum Bestäuben

🕐 Zubereitung: 10 Min.
➤ Pro Portion ca.: 260 kcal

1 | Die Banane schälen und der Länge nach halbieren. Die Butter in einer Pfanne zerlassen. Bananenhälften einlegen und bei mittlerer Hitze pro Seite 2–3 Min. braten. Den Honig mit dem Zitronensaft mischen und dazugießen. Warm halten.

2 | Die Milch in einem Topf erhitzen, aber nicht kochen lassen. Banane mit der Gabel grob zerdrücken und zur Milch geben. Mit dem Pürier- stab gut durchmixen und in Tassen oder Gläser füllen. Mit Zimt bestäuben.

fruchtig | vitaminreich
Beerenmilch mit Mohn

FÜR 2 PERSONEN

➤ 30 g Mohn, frisch gemahlen
 400 ml Milch | 2 EL Zucker
 100 g gemischte Beeren (z. B. Himbeeren, Brom- beeren, Erdbeeren)
 2 TL Honig
 Pfeffer, frisch gemahlen
 2 EL Sahne, steif geschlagen

🕐 Zubereitung: 15 Min.
➤ Pro Portion ca.: 315 kcal

1 | Den Mohn mit der Milch und dem Zucker im Topf aufkochen, dann vom Herd ziehen und zugedeckt etwa 10 Min. quellen lassen.

2 | Die Beeren verlesen, falls nötig waschen und entstielen. Zusammen mit dem Honig mit dem Pürierstab fein zer- kleinern. Mit Pfeffer würzen.

3 | Mohnmilch in Tassen oder Gläser füllen, Beerenmus vor- sichtig untermischen und die Beerenmilch jeweils mit ein wenig Sahne bedecken.

wärmend | aromatisch
Heiße Orangen- Zimt-Milch

FÜR 2 PERSONEN

➤ 1 unbehandelte Orange
 2 Stück Würfelzucker
 450 ml Milch
 2 EL Ahornsirup (ersatz- weise Honig)
 2 EL Orangenmarmelade
 1/2 TL Zimtpulver

🕐 Zubereitung: 10 Min.
➤ Pro Portion ca.: 195 kcal

1 | Die Orange heiß waschen und die Schale mit den Wür- felzuckerstücken über einem Teller abreiben. So wird die Schale viel feiner als mit der Küchenreibe. Falls ein wenig vom Zuckerstück übrig bleibt, anderweitig verwenden.

2 | Die Milch mit dem Ahorn- sirup, der Marmelade und dem Zimt im Topf verrühren und erhitzen, aber nicht kochen lassen. Die Milch in Tassen oder Gläser füllen, die Orangenschale drauf streuen. Sofort servieren!

wärmend | würzig

Heiße Schokolade

FÜR 2 PERSONEN

➤ 50 g Zartbitterschokolade
400 ml Milch
1 kräftige Prise Zimtpulver
1 kräftige Prise Chilipulver
nach Belieben 2 EL Sahne,
steif geschlagen

⏱ Zubereitung: 10 Min.
➤ Pro Portion ca.: 210 kcal

1 | Die Schokolade in kleine Stücke brechen und mit der Milch in einen Topf geben. Bei mittlerer Hitze langsam erhitzen, aber nicht kochen lassen. Dabei immer gut rühren, damit die Schokolade gleichmäßig schmilzt und nicht anbrennt.

2 | Schokoladenmilch mit Zimt und Chili abschmecken. In große hohe Tassen füllen, mit dem Milchaufschäumer gut aufschäumen.

3 | Nach Belieben 1 EL Sahne auf jede Schokoladenmilch setzen. Schön heiß servieren.

cremig | mild

Heißer Kakao

FÜR 2 PERSONEN

➤ 25 g Kakaopulver
2 EL Zucker
1/2 l Milch
2 EL Sahne, steif geschlagen
Kakaopulver zum Bestäuben

⏱ Zubereitung: 10 Min.
➤ Pro Portion ca.: 285 kcal

1 | 25 g Kakaopulver mit dem Zucker mischen und mit 2 EL kalter Milch gut verrühren.

2 | Die Milch in einen Topf gießen und erhitzen, aber nicht kochen lassen. Den angerührten Kakao mit dem Schneebesen unterschlagen.

3 | Den Kakao in hohe Tassen füllen und nach Belieben mit dem Milchaufschäumer aufschäumen. Mit je 1 EL Sahne garnieren und mit übrigem Kakaopulver bestäuben.

TIPPS

ZWEI GRUNDREZEPTE, VIELE VARIATIONEN

➤ Die heiße Schokolade kann man mit etwas Alkohol anreichern. Gut passen Orangenlikör und ein wenig abgeriebene Orangenschale oder Whisk(e)y, ein Sahnehäubchen und Schokoladenspäne, Amaretto und zerbröselte Amarettini oder auch ein guter Cognac.

➤ Der Kakao kann ebenfalls mit Alkohol verfeinert werden – oder aber mit 1 EL Haselnuss- oder Mandelmus, einem Sahneklecks und geriebenen, leicht angerösteten Nüssen.

➤ Vanille passt zu beiden Milchshakes. Die Vanilleschote längs aufschlitzen und das Mark herauskratzen. Die Schote und das Mark in der Milch mitkochen.

aus Italien | cremig
Latte macchiato

FÜR 2 PERSONEN

➤ 400 ml fettarme Milch
1/8 l Espresso, frisch gekocht
etwa 4 TL Zucker

🕓 Zubereitung: 10 Min.
➤ Pro Portion ca.: 125 kcal

1 | Milch in einem Topf erhitzen, aber nicht kochen lassen.

2 | Den Espresso mit dem Zucker süßen. Die Milch in hohe Tassen oder Gläser füllen und mit dem Milchaufschäumer gründlich aufschäumen. Espresso über den Rücken eines kleinen Löffels langsam und dekorativ in die Milch fließen lassen. Latte macchiato gleich servieren!

TIPP
Den Espresso und nicht die Latte macchiato zu süßen, hat einen Vorteil: nachdem der Espresso in die Milch gegossen wurde, muss nicht mehr umgerührt werden. Das sieht viel schöner aus.

cremig | zum Löffeln
Mokkaschaum

FÜR 2 PERSONEN

➤ 2 EL Kakaopulver
350 ml fettarme Milch
1 EL Zucker
1/8 l Espresso, frisch gekocht
1 EL Schokoladensirup nach Belieben

🕓 Zubereitung: 10 Min.
➤ Pro Portion ca.: 140 kcal

1 | Das Kakaopulver mit wenig kalter Milch oder auch Wasser anrühren. Restliche Milch in einem Topf erhitzen, aber nicht kochen lassen. Die Hälfte davon abnehmen und mit dem angerührtem Kakao und dem Zucker vermischen.

2 | Pure Milch und Kakaomilch jeweils mit dem Milchaufschäumer aufschäumen. Erst die reine Milch, dann den Kakao und zum Schluss den Espresso vorsichtig in hohe Tassen oder Gläser füllen. Die Flüssigkeiten sollen sich nicht vermischen. Nach Belieben mit dem Sirup beträufeln. Gleich servieren!

aus Italien | mild
Cappuccino

FÜR 2 PERSONEN

➤ 300 ml fettarme Milch
1/8 l Espresso, frisch gekocht
Kakaopulver zum Bestäuben

🕓 Zubereitung: 10 Min.
➤ Pro Portion ca.: 60 kcal

1 | Milch in einem Topf erhitzen, aber nicht kochen lassen. Den Espresso in weite Tassen gießen. Milch mit dem Milchaufschäumer aufschäumen und langsam darauf gießen, übrigen Milchschaum darauf löffeln. Mit Kakao bestäuben.

TIPP
Bei Caffè latte und Café au lait werden starker Kaffee oder Espresso und heiße Milch (ungeschäumt) gleichzeitig in weite Tassen gegossen. Ein Cappuccino chiaro wird mit mehr Milch und weniger Espresso, ein Cappuccino scuro mit mehr Espresso und weniger Milch gemacht.

gehaltvoll | zum Löffeln

Egg nogg

FÜR 2 PERSONEN

➤ 2 ganz frische Eier

2 EL Zucker

1/2 l Milch

1 EL Hagebuttenmark (ersatzweise Sanddorn-sirup oder -aufstrich)

8 blaue Weintrauben

2 Spießchen

Zimtpulver zum Bestäuben

🕓 Zubereitung: 15 Min.

➤ Pro Portion ca.: 310 kcal

1 | Die Eier mit dem Zucker im Topf mit den Schneebesen des Handrührgeräts gründlich schaumig rühren.

2 | Milch in einem zweiten Topf erhitzen, aber nicht kochen lassen. Dann nach und nach unter ständigem Rühren zur Eiermischung gießen. Mit dem Hagebutten-mark mischen, unter weiterem Rühren etwas erwärmen.

3 | Trauben waschen und auf die Spießchen stecken. Egg nogg in Gläser füllen und mit etwas Zimt bestäuben. Die Traubenspieße darauf legen.

zum Löffeln | fruchtig

Heiße Apfel-milch mit Eis

FÜR 2 PERSONEN

➤ 1 süßlicher Apfel

1 EL Butter

1 EL Zucker

400 ml Milch

2 EL Apfeldicksaft

1 EL Karamellsirup (ersatzweise Zucker)

1 Prise Muskatnuss, frisch gerieben

2 Kugeln Vanilleeis

einige Minzeblättchen zum Garnieren

🕓 Zubereitung: 20 Min.

➤ Pro Portion ca.: 315 kcal

1 | Den Apfel vierteln, schälen und von dem Kerngehäuse befreien. Die Apfelviertel in dünne Schnitze schneiden.

2 | Die Butter in einer Pfanne zerlassen, den Zucker darin schmelzen lassen. Apfelstücke dazugeben und unter Rühren in etwa 5 Min. bei mittlerer Hitze karamellisieren lassen.

3 | Milch mit dem Apfeldick-saft und dem Karamellsirup erhitzen, aber nicht kochen lassen. Apfel mit einer Gabel fein zerdrücken.

4 | Das Apfelpüree mit dem Schneebesen rasch unter die Milch mischen und mit Muskat würzen. Apfelmilch in weite Gläser füllen und mit dem Milchaufschäumer auf-schäumen. Je 1 Kugel Eis in die Mitte setzen, mit Minze garnieren. Rasch servieren.

TIPPS

➤ Wer möchte, kann den Egg nogg auch mit Alkohol zubereiten. Statt Hagebuttenmark z. B. 2 EL Whisk(e)y und 1 EL Kaffeelikör untermischen.

➤ Die Apfelmilch schmeckt auch mit Birne, Quitte oder Papaya sehr gut. Diese Früchte ebenfalls so lange braten und karamellisieren lassen, bis sie weich sind. Wer mag, kann noch Calvados oder Weinbrand mit unter die Milch mischen.

im Bild hinten: **Egg nogg** *vorne:* **heiße Apfelmilch mit Eis** ➤

fruchtig | säuerlich

Hagebutten-shake

FÜR 2 PERSONEN

➤ 350 ml Milch
150 g Sahne
2 EL Hagebuttenmus
1 EL Honig
Muskatnuss, frisch gerieben

🕐 Zubereitung: 10 Min.
➤ Pro Portion ca.: 395 kcal

1 | Die Milch mit der Sahne erhitzen, aber nicht kochen lassen. Das Hagebuttenmus bis auf einen kleinen Rest einrühren. Mit Honig süßen.

2 | Die heiße Milch in Tassen füllen, übriges Hagebuttenmus darauf geben und mit einem Spieß oder Löffelstiel hübsch verziehen. Mit Muskat bestäuben, sofort trinken.

Spezialität aus Indien

Kardamommilch

FÜR 2 PERSONEN

➤ 3 grüne Kardamomkapseln
1 gehäufter TL schwarze Teeblätter (z. B. Ceylontee)
1 Stück unbehandelte Orangenschale (ersatzweise Limettenschale)
1/4 l Milch
4 TL Zucker

🕐 Zubereitung: 20 Min.
➤ Pro Portion ca.: 110 kcal

1 | Die Kardamomkapseln mit 1/4 l Wasser in einen Topf geben, zum Kochen bringen. 10 Min. bei mittlerer Hitze leicht kochen lassen, dann den Topf vom Herd ziehen und noch weitere 10 Min. ziehen lassen.

2 | Teeblätter in eine vorgewärmte Teekanne geben. Kardamomwasser mit der Orangenschale dazugeben, etwa 3 Min. ziehen lassen.

3 | Die Milch mit dem Zucker erwärmen. Tee durch ein Sieb dazugießen. Sofort servieren!

scharf | wärmend

Yogi-Tee rich

FÜR 2 PERSONEN

➤ 1 EL Yogi-Teemischung
1/4 l Milch
50 g Sahne
1/2 Päckchen Bourbon-Vanillezucker

🕐 Zubereitung: 25 Min.
➤ Pro Portion ca.: 165 kcal

1 | Die Teemischung mit 1/4 l Wasser zum Kochen bringen. Bei schwacher Hitze 20 Min. zugedeckt sanft kochen lassen.

2 | Die Milch erwärmen und den Yogi-Tee durch ein Sieb dazugießen. Die Sahne mit dem Vanillezucker halbsteif schlagen. Yogi-Tee in Tassen füllen. Sahne darauf geben und mit einem Spieß oder Löffelstiel spiralförmig im Tee verteilen.

TIPP

Man kann sich die Yogi-Mischung aus 4 Kardamomkapseln, 4 Pfefferkörnern, 3 Gewürznelken, 1/2 Zimstange und 1 Scheibe Ingwer auch selbst mörsern.

Shakes und Cocktails – mit Alkohol

Milch mit Alkohol? Schmeckt denn das? Und ob! Egal ob kalt oder warm, mit Frucht oder ohne – Milch und Alkohol passen wunderbar zusammen. Sie sind gemeinsam ein Hochgenuss und als exotischer Aperitif, fruchtiger Cocktail zum Entspannen oder auch als Starter für einen Party-Abend immer einen Test wert. Sie landen bei ihren Gästen garantiert einen Hit!

49   Limoncello Shake
49   Latte ristretto
51   Maracuja-Nuss-Shake
51   Melonen-Campari-Shake
51   Blue fruit
53   Heiße Kokos-Schoki
53   Heiße Calvadosmilch
53   Rosinenmilch mit Marsala

54   Orientalische Mokkamilch
54   Flambierte Aprikosenmilch
57   Kokosflip
57   Traubenshake
57   Milch 43 deluxe

Blitzrezepte

Limoncello Shake

FÜR 2 PERSONEN

➤ 2 Kugeln Zitroneneis
   400 ml Milch
   4 EL Limoncello (Zitronenlikör)
   2 Stängel Zitronenmelisse
   zum Garnieren

1 | Das Eis mit der Milch mit dem Pürier-
stab oder im Mixer kurz durchmixen. Den
Limoncello unterrühren und den Shake in
Gläser füllen.

2 | Die Zitronenmelisse waschen und
trockenschütteln. Die Stängel dekorativ
an den Glasrand hängen.

Latte ristretto

FÜR 2 PERSONEN

➤ 300 ml Milch
   1/8 l Espresso, frisch gekocht
   1 1/2 EL Espressosirup (ersatzweise 1 EL Zucker)
   2 EL Sambuca (Anislikör)
   6 Kaffeebohnen

1 | Die Milch im Topf erhitzen, aber nicht
kochen lassen. In Gläser füllen und mit
dem Milchaufschäumer aufschäumen.

2 | Den Espresso mit dem Sirup und
dem Sambuca verrühren und im Zick-
zack-Muster in die Milch laufen lassen.
Mit den Kaffeebohnen garnieren.

cremig | mild

Maracuja-Nuss-Shake

FÜR 2 PERSONEN

➤ 100 ml Maracujanektar (ersatzweise Mangosaft)

2 EL Haselnussmus

4 EL Orangenlikör

400 ml Milch

1 EL Puderzucker

2 Erdbeeren (ersatzweise Kapstachelbeeren, Physalis)

🕒 Zubereitung: 5 Min.

➤ Pro Portion ca.: 265 kcal

1 | Den Maracujanektar mit dem Nussmus, dem Orangenlikör, der Milch und dem Puderzucker mit dem Pürierstab oder im Mixer schaumig pürieren und in Gläser füllen.

2 | Die Erdbeeren waschen und einschneiden. An den Glasrand stecken.

TIPP Versuchen Sie statt Maracujanektar und Orangenlikör auch mal Multivitaminsaft und Bols Grüne Banane.

fruchtig | erfrischend

Melonen-Campari-Shake

FÜR 2 PERSONEN

➤ 1 Stück Honigmelone (etwa 300 g)

50 g TK-Himbeeren

300 ml Milch

50 g Sahne

3 EL Campari

2 EL Zucker

🕒 Zubereitung: 10 Min.

➤ Pro Portion ca.: 345 kcal

1 | Die Melone von den Kernen samt dem faserigen Fruchtfleisch befreien, schälen und grob würfeln.

2 | Melone mit den unaufgetauten Himbeeren, der Milch, der Sahne, dem Campari und dem Zucker im Mixer fein pürieren. In Gläser füllen.

als Aperitif | fruchtig

Blue fruit

FÜR 2 PERSONEN

➤ 1 1/2 kleine Bananen

1/4 Mango

100 g Kapstachelbeeren (Physalis; ersatzweise Stachelbeeren)

1 Kugel Vanilleeis

300 ml Milch

4 EL Blue curaçao

1 EL weißer Rum

🕒 Zubereitung: 15 Min.

➤ Pro Portion ca.: 230 kcal

1 | 1 Banane und die Mango schälen und beides grob schneiden. Kapstachelbeeren aus der Hülle lösen, waschen, 2 Beeren beiseite legen.

2 | Früchte mit den restlichen Zutaten mit dem Pürierstab oder im Mixer fein pürieren. In Gläser füllen.

3 | Übrige Banane waschen, wie die restlichen Kapstachelbeeren in dünne Scheiben schneiden. Bananenscheiben einritzen und an den Glasrand stecken, Beeren in den Shake streuen.

wärmend | cremig
Heiße Kokos-Schoki

FÜR 2 PERSONEN

➤ 50 g Zartbitterschokolade
1 Vanilleschote
300 ml Milch
100 ml Kokosmilch
3 EL Kokoslikör
1 EL Zucker
1 EL Kokosflocken
1 Prise gemahlene Nelken

🕙 Zubereitung: 10 Min.
➤ Pro Portion ca.: 272 kcal

1 | Die Schokolade in Stücke brechen, Vanilleschote der Länge nach aufschlitzen und das Mark herauskratzen. Alles mit der Milch und der Kokosmilch in einem Topf erhitzen, aber nicht kochen lassen.

2 | Den Kokoslikör und den Zucker dazugeben und die Milch mit dem Milchaufschäumer gut aufschäumen. In hohe Tassen füllen. Die Kokosflocken und die gemahlene Nelken mischen und darauf streuen.

wärmend | superschnell
Heiße Calvados-milch

FÜR 2 PERSONEN

➤ 450 ml Milch
4 EL Calvados
1 EL aromatischer Honig (z. B. Waldblütenhonig)
Zimtpulver zum Bestäuben

🕙 Zubereitung: 5 Min.
➤ Pro Portion ca.: 215 kcal

1 | Die Milch erhitzen, aber nicht kochen lassen. Calvados und den Honig untermischen und schmelzen lassen.

2 | Heiße Milch in hohe Tassen füllen, mit dem Milchaufschäumer aufschäumen. Mit Zimt bestäuben.

vitaminreich | wärmend
Rosinenmilch mit Marsala

FÜR 2 PERSONEN

➤ 60 g Rosinen
100 ml Marsala
350 ml Milch
1 EL Honig
1 Prise Zimtpulver

🕙 Zubereitung: 15 Min.
🕙 Quellzeit: 30 Min.
➤ Pro Portion ca.: 260 kcal

1 | Die Rosinen im Marsala 30 Min. quellen lassen. Dann die Rosinen aus dem Marsala löffeln und ganz fein hacken.

2 | Marsala mit Milch und Honig erwärmen. Mit Zimt abschmecken. In Tassen füllen, Rosinen untermischen.

TIPPS

➤ Mit der Wahl des Alkohols können Sie den Geschmack der Milch vielfach variieren. Versuchen Sie statt dem Calvados und dem Honig auch einmal Amaretto und etwas Kakaolikör, Whisk(e)y und Karamellsirup oder Cassis und Johannisbeersirup oder Birnendicksaft.

➤ Auch sehr fein: Rosinen durch getrocknete Aprikosen, Feigen oder Pflaumen ersetzen. Und statt Marsala schmeckt auch Vin santo.

wärmend | würzig

Orientalische Mokkamilch

FÜR 2 PERSONEN

➤ 1 unbehandelte Orange

4 Stück Würfelzucker

350 ml Milch

4 grüne Kardamomkapseln

1 Stück Zimtstange

2 Gewürznelken

1/8 l starker Mokka, frisch gekocht (ersatzweise Espresso)

2 EL Honig (ersatzweise Zucker) | 2 EL Orangenlikör

1 EL ungesalzene Pistazien

⊙ Zubereitung: 15 Min.

➤ Pro Portion ca.: 235 kcal

1 | Die Orange heiß waschen, die Schale mit den Würfelzuckerstücken über einem Topf abreiben. Zuckerreste dazugeben.

2 | Milch mit den Gewürzen zur Orangenschale in den Topf geben und erhitzen, aber nicht kochen lassen. Vom Herd ziehen, 10 Min. ziehen lassen, dann durchs Sieb gießen. Nochmals erwärmen und im Topf mit dem Pürierstab aufschäumen.

3 | Milch in Gläser füllen. Den Mokka mit Honig und Likör verrühren und in die Milch gießen.

4 | Die Pistazien sehr fein hacken und darüber streuen. Gleich servieren.

fruchtig | zum Löffeln

Flambierte Aprikosenmilch

FÜR 2 PERSONEN

➤ 200 g Aprikosen (ersatzweise Aprikosen aus der Dose)

2 EL Zucker

400 ml Milch

50 g Sahne

1 EL Karamellsirup (ersatzweise Schokoladensirup oder Honig)

4 EL brauner Rum

Zimtpulver zum Bestreuen

⊙ Zubereitung: 20 Min.

➤ Pro Portion ca.: 380 kcal

1 | Die Aprikosen waschen, halbieren und entsteinen. Aprikosen klein würfeln und mit dem Zucker in einem Topf vermischen. Erhitzen und zugedeckt bei schwacher Hitze etwa 10 Min. ziehen lassen. Abkühlen lassen, mit dem Pürierstab pürieren.

2 | Die Milch mit dem Aprikosenpüree mischen und unter Rühren leicht erhitzen. Sahne steif schlagen, Sirup unterziehen. Aprikosenmilch in Becher gießen.

3 | Rum in eine Schöpfkelle geben und über einer Kerzenflamme erwärmen. Dann die Kelle leicht schräg halten, bis sich der Rum entzündet. In die Milch gießen.

4 | Die Milch jeweils mit 1 Klecks Sirupsahne bedecken. Mit Zimt bestäuben.

TIPP Beim Flambieren sehr vorsichtig sein: lange Haare zurückbinden, Alkohol nicht in der Nähe von Gardinen oder anderen leicht brennbaren Gegenständen entzünden. Und immer erst servieren, wenn die Flamme erloschen ist.

im Bild hinten: **flambierte Aprikosenmilch** *vorne:* **orientalische Mokkamilch** ➤

als Aperitif | cremig

Kokosflip

FÜR 2 PERSONEN

➤ 1/2 Bund Pfefferminze
 1/4 l Milch
 2 EL Kokossirup (ersatz-
 weise 1 EL Puderzucker)
 4 EL Kokoslikör
 1/4 l Kokosmilch
 1 EL Pfefferminzlikör
 1 EL Puderzucker

🕐 Zubereitung: 15 Min.
➤ Pro Portion ca.: 155 kcal

1 | Die Minze waschen und trockenschütteln, Blättchen abzupfen, fein hacken. Minze im Möser fein zerstoßen, mit 50 ml Milch mit dem Pürier-stab pürieren und durch ein Sieb streichen.

2 | Den Kokossirup und den Kokoslikör mit übriger Milch und Kokosmilch mit dem Pürierstab gründlich auf-schäumen.

3 | Das Minzpüree mit dem Minzlikör und dem Puder-zucker mischen. Kokosflip in Gläser füllen und die Pfeffer-minzmischung langsam ein-laufen lassen.

fruchtig | mild

Traubenshake

FÜR 2 PERSONEN

➤ 150 g blaue Weintrauben
 1/8 l Traubensaft
 4 EL Cassis
 300 ml Milch
 1 1/2 EL Puderzucker
 Kokoschips zum
 Bestreuen (ersatzweise
 Kokosflocken)

🕐 Zubereitung: 15 Min.
➤ Pro Portion ca.: 290 kcal

1 | Die Weintrauben waschen, ein paar besonders schöne zum Garnieren beiseite legen. Übrige Trauben halbieren und entkernen. Mit dem Traubensaft mit dem Pürier-stab oder im Mixer pürieren.

2 | Den Cassis, die Milch und den Puderzucker zum Traubenpüree geben und nochmals gut aufmixen. In Gläser füllen. Mit Kokoschips bestreuen und mit den bei-seite gelegten Trauben gar-nieren. Dazu die Trauben ein-schneiden und an den Glas-rand stecken (oder auch auf Spießen quer über den Glas-rand legen.)

fruchtig | erfrischend

Milch 43 deluxe

FÜR 2 PERSONEN

➤ 1/2 Banane
 200 ml Ananassaft
 300 ml Milch
 4 EL Likör 43
 1 EL Puderzucker
 4 Eiswürfel
 2 Ananasstücke
 zum Garnieren

🕐 Zubereitung: 5 Min.
➤ Pro Portion ca.: 160 kcal

1 | Die Banane schälen und in grobe Würfel schneiden. Mit dem Ananassaft, der Milch, dem Likör sowie dem Puder-zucker und den Eiswürfeln im Mixer gründlich pürieren.

2 | Milch in Gläser füllen und mit dem Milchaufschäumer nochmals aufschäumen. Mit den Ananasstücken garnie-ren. Rasch servieren!

TIPP Die Milch 43 deluxe schmeckt mit Mara-cuja-, Brombeer- oder Zwetschgensaft auch sehr lecker.

Glossar

Ahornsirup

Dieser Sirup wird durch das Anzapfen von Zuckerahornbäumen in den USA und Kanada gewonnen. Der aufgefangene Saft wird durch Einkochen zu einem dickflüssigen Sirup verarbeitet. Er schmeckt sehr aromatisch und leicht nach Karamell. Nach dem Öffnen im Kühlschrank aufbewahren.

Blue curaçao

Der Likör schmeckt herb und leicht süß und wird vor allem wegen seiner intensiv blauen Farbe gerne zum Mixen verwendet. Er wird mit einer asiatischen Mandarinenart aromatisiert.

Cassis

Der französische Likör aus schwarzen Johannisbeeren schmeckt aromatisch und fruchtig und ist ideal zum Mixen von Milchgetränken.

Dicksaft aus Apfel oder Birne

Der Saft der Früchte wird so weit eingekocht und verdampft, bis eine dickflüssige, süße aber immer noch aromatische Masse übrig bleibt. Den Dicksaft bekommt man im Reformhaus und Naturkostladen. Man kann ihn nach dem Öffnen im Kühlschrank lange lagern. Er gibt ein sehr intensives Aroma.

Früchte in Dosen

Sie sind für die Shakezubereitung vor allem im Winter oft die bessere Wahl gegenüber frischen Früchten, die dann sehr weite Transportwege zurückgelegt haben. Achten Sie beim Kauf darauf, dass Sie Früchte bekommen, die nur wenig oder gar nicht gesüßt sind. Diese sind fruchtiger als die gesüßten und haben außerdem weniger Kalorien.

Fruchtsäfte & Co.

Fruchtsäfte wurden zu 100 % aus Früchten oder Fruchtsaftkonzentraten hergestellt und dürfen bis zu 15 g Zucker pro Liter enthalten. Fruchtnektar wird aus Fruchtsaft, Fruchtsaftkonzentrat, Fruchtmark, Wasser und Zucker hergestellt. Ein Fruchtsaftgetränk muss nur zu 6 % aus Fruchtsaft bestehen. Achten Sie also beim Einkauf auf beste Qualität und lesen Sie die Aufschrift auf den Flaschen immer genau durch.

Hagebuttenmark

Es wird aus dem Mark der Früchte der Heckenrosen hergestellt. Das säuerliche Mus hat einen herben Geschmack. Man bekommt es im Supermarkt und in besonders guter Qualität im Naturkosthandel.

Harissa

Die Paste wird aus roten Chili- und Paprikaschoten, Knoblauch, Kreuzkümmel, Koriander, Essig und Öl hergestellt und eignet sich gut zum Schärfen. In arabischen Lebensmittelgeschäften gibt es sie zu kaufen. In einer Tube ist die Paste besser aufgehoben als in kleinen Dosen – und vor allem länger haltbar.

Kakao

Er wird aus den Samen der Früchte des Kakaobaumes gewonnen, die nach der

Ernte geöffnet werden. Bei einem Gärprozess entwickeln sich die typischen Aromen und die ursprünglich weißen Samen verfärben sich in ein dunkles Braun. Dann werden die Samen getrocknet, geröstet und gemahlen.

Kokosmilch

Sie wird aus gemahlenem Kokosnussfleisch und Wasser hergestellt. Man kauft sie in Dosen oder im Tetrapack – unbedingt ungesüßt!

Limetten

Die kleinen grünen Zitrusfrüchte schmecken noch viel intensiver und dabei etwas süßer als Zitronen. Kaufen kann man sie inzwischen in fast jedem Supermarkt. Sie müssen übrigens grasgrün sein, verfärben sie sich schon gelblich, ist das ein Zeichen von Überreife.

Limoncello

Der berühmte Zitronenlikör kommt aus Süditalien, genauer gesagt aus Kampanien. Sein Aroma erhält er von Zitronenschalen, die über längere Zeit in Alkohol eingelegt werden. Pur – und auch im Shake – schmeckt er eiskalt am besten.

Maroni

Im Herbst kommen die Esskastanien auf den Markt. Wer sie selbst zubereiten möchte, hat einiges vor. Man muss sie kochen oder backen und schälen, was ziemlich viel Arbeit macht. Gut, dass es die Früchte inzwischen gekocht und geschält in der Vakuumverpackung zu kaufen gibt. Die finden Sie in der Gemüseabteilung jedes größeren, gut sortierten Supermarktes.

Mohn

Er gehört zu den besonders fetthaltigen Samen und wird nach dem Mahlen relativ schnell ranzig. Man sollte ihn deshalb immer frisch mahlen oder ihn sich beim Einkauf frisch mahlen lassen. Das machen einige Naturkostläden und manche Bäcker. Fragen Sie einfach nach. Das, was Sie nicht gleich verbrauchen, am besten einfrieren.

Nussmus

Haselnüsse, Mandeln oder andere Samen und Kerne werden fein gerieben und in Gläsern zusammen mit dem Öl, das sich beim Verarbeiten absetzt, angeboten. Im Supermarkt bekommt man nur Erdnussmus, im Naturkost-

laden und Reformhaus gibt es ein breiteres Angebot. Nicht zu lange und kühl lagern!

Sanddorn

Die orangegelben Beerenfrüchte des Sanddornstrauchs enthalten sehr viel Vitamin C und zahlreiche Mineralstoffe. Sie sollen das Immunsystem stärken. Da die Saftgewinnung und die Verarbeitung zu Aufstrich und Mark sehr aufwändig ist, sind Sanddornprodukte relativ teuer. Man bekommt sie im Naturkostladen und Reformhaus.

Vanilleschoten

Am meisten Aroma haben die ganzen Schoten bzw. das Mark in ihnen. Man erhält es, indem man die Schote der Länge nach aufschlitzt und das Mark mit dem Messerrücken herauskratzt. Ebenfalls im Handel sind gemahlene Vanille (das sind die ganzen Schoten, getrocknet und gemahlen) und Vanillezucker. Der echte heißt Bourbon-Vanillezucker.

Zum Gebrauch
Damit Sie Rezepte mit bestimmten Zutaten noch schneller finden können, stehen in diesem Register zusätzlich auch beliebte Zutaten wie Äpfel oder Sanddorn – ebenfalls alphabetisch geordnet und **halbfett** gedruckt – über den entsprechenden Rezepten.

A
Ahornsirup (Glossar) 58
Amarettini: Schokoshake
   mit Amarettini 15
Ananas-Kokos-Shake 11
Äpfel
   Apfeldicksaft (Glossar) 58
   Apfel-Tomaten-Shake 35
   Heiße Apfelmilch mit Eis 44
   Zwetschgen-Apfel-Shake 18
Aprikosenmilch, Flambierte 54
Avocados: Limetten-
   Avocado-Shake 29

B
Bananen
   Bananen-Mango-Shake 25
   Bananentraum 18
   Heiße Bananenmilch 39
Becher und Gläser (Theorie) 5
Beerenmilch mit Mohn 39
Birnen
   Birnen-Dattel-Shake 13
   Birnendicksaft (Glossar) 58
Blue curaçao (Glossar) 58
Blue fruit 51
Brombeer-Feigen-Shake 23

C
Calvadosmilch, Heiße 53
Campari: Melonen-
   Campari-Shake 51
Cappuccino 43
Cassis (Glossar) 58
Cookie Shake 37

D
Datteln: Birnen-Dattel-Shake 13
Dekotipps (Theorie) 8
Dicksaft (Glossar) 58
Dosenfrüchte (Glossar) 58

E
Egg nogg 44
Eis
   Eisshake 17
   Espresso-Eis-Shake 17
   Heiß und Eis 37
   Heiße Apfelmilch mit Eis 44
Erdbeershake 21
Espresso
   Espresso-Eis-Shake 17
   Espressosirup (Basisrezept) 7
Exoten Power 25

F
Feigen: Brombeer-Feigen-
   Shake 23
Flambierte Aprikosenmilch 54
Früchte in Dosen (Glossar) 58
Früchte und Gemüse
   vorbereiten (Theorie) 5
Früchte, die Milch nicht
   mögen (Theorie) 5
Fruchtsäfte & Co. (Glossar) 58
Fruchtsirup (Basisrezept) 7

G
Gerätekunde (Theorie) 6
Gurken-Kresse-Mix 35

H
Hagebutten
   Hagebuttenmark (Glossar) 58
   Hagebuttenshake 47
Harissa (Glossar) 58
Heiß und Eis 37
Heiße Apfelmilch mit Eis 44
Heiße Bananenmilch 39
Heiße Calvadosmilch 53
Heiße Kokos-Schoki 53
Heiße Orangen-Zimt-Milch 39
Heiße Schokolade 40
Heißer Kakao 40
Himbeerflip 21
Honig-Nuss-Milch 11

I
Ingwer: Kaki-Ingwer-
   Smoothie 15
Inhaltsstoffe der Milch
   (Theorie) 4

K
Kakao
   Heißer Kakao 40
   Kakao (Glossar) 58
Kaki-Ingwer-Smoothie 15
Karamell
   Karamellmilch 17
   Karamellsirup (Basisrezept) 7
Kardamom
   Kardamom-Möhren-Shake 29
   Kardamommilch 47
Kirsch-Schoko-Milch 21
Kokosnüsse
   Ananas-Kokos-Shake 11
   Kokosflip 57
   Kokosmilch (Glossar) 59
   Kokos-Schoki, Heiße 53
Kräutershake 27
Kresse: Gurken-Kresse-Mix 35

L
Latte macchiato 43
Latte ristretto 49

Limetten
Limetten (Glossar) — 59
Limetten-Avocado-Shake — 29
Limoncello
Limoncello (Glossar) — 59
Limoncello Shake — 49

M

Mangos
Bananen-Mango-Shake — 25
Zucchini-Mango-Shake — 35
Maracuja-Nuss-Shake — 51
Maroni
Maroni (Glossar) — 59
Maronimilch — 25
Marsala: Rosinenmilch mit Marsala — 53
Melonen
Melonen-Campari-Shake — 51
Pikante Melonenmilch — 31
Milch
Milch 43 deluxe — 57
Milchaufschäumer (Theorie) — 6
Milchprodukte (Theorie) — 4
Milchschaumtopf (Theorie) — 6
Milchtypen (Theorie) — 4
Minze: Orangen-Minze-Shake — 13
Mixer (Theorie) — 6
Mohn
Beerenmilch mit Mohn — 39
Mohn (Glossar) — 59
Möhren: Kardamom-Möhren-Shake — 29
Mokka
Mokkaschaum — 43
Orientalische Mokka-milch — 54

N

Nüsse
Honig-Nuss-Milch — 11
Maracuja-Nuss-Shake — 51
Nussmus (Glossar) — 59

O

Orangen
Heiße Orangen-Zimt-Milch — 39
Orangen-Minze-Shake — 13
Orientalische Mokkamilch — 54

P

Paprika-Sellerie-Shake — 31
Peppermint Shake — 31
Pfirsichmilch — 15
Pikante Melonenmilch — 31
Pink Shake — 32
Preiselbeeren: Zwetschgen-Preiselbeer-Milch — 23
Pürieren (Theorie) — 5
Pürierstab (Theorie) — 6

Q

Quittenshake — 23

R

Radieschenmilch — 27
Rosinenmilch mit Marsala — 53
Rucolashake — 29

S

Saft selber machen (Theorie) — 5
Sanddorn
Sanddorn (Glossar) — 59
Sanddornmilch — 13
Schneebesen (Theorie) — 6
Schokolade
Heiße Schokolade — 40
Kirsch-Schoko-Milch — 21
Schokoladensirup (Basisrezept) — 7
Schokoshake mit Amarettini — 15
Sellerie: Paprika-Sellerie-Shake — 31
Serviertipps (Theorie) — 8
Shaker (Theorie) — 6

T

Tee: Yogi-Tee rich — 47
Tomaten
Apfel-Tomaten-Shake — 35
Tomatenshake — 32
Traubenshake — 57

V

Vanilleschoten (Glossar) — 59

Y

Yogi-Tee rich — 47

Z

Zimt: Heiße Orangen-Zimt-Milch — 39
Zitrusfrüchte (Theorie) — 5
Zucchini-Mango-Shake — 35
Zwetschgen
Zwetschgen-Apfel-Shake — 18
Zwetschgen-Preiselbeer-Milch — 23

Die Autorin

Cornelia Schinharl interessiert sich für alles, was mit Essen und Trinken zu tun hat. Seit über 15 Jahren bringt sie ihren Erfahrungsschatz als freie Food-Journalistin und Kochbuchautorin zu Papier. Ihr Ideenpotential scheint unerschöpflich, auch für diesen Ratgeber hat sie wieder eine Reihe von Kreationen entwickelt, die jeden Gaumen betören werden.

Der Fotograf

Kai Mewes ist selbständiger Food-Fotograf in München und arbeitet für Verlage und Werbung. Die stimmungsvollen Bilder sind Ausdruck seiner Hingabe, Fotografie, Styling und kulinarischen Genuss zu vereinen. Daniel Petri war für das Foodstyling in diesem Buch zuständig.

Ein herzlicher Dank …

geht an die CMA Centrale Marketing-Gesellschaft der deutschen Agrarwirtschaft mbH, die die Redaktion beim Schreiben dieses Buches mit frischen Milchshakes von ihrer Milchbar versorgt hat.
Und ans Team des »Maria« in München für ein gelungenes Fotoshooting.

Bildnachweis

Peter von Felbert: Innentitel, S. 2 u., S. 4, S. 9 oben, unten
Alle anderen: Kai Mewes

Redaktionsleitung: Birgit Rademacker
Redaktion: Stefanie Poziombka
Lektorat, Satz, DTP: Redaktionbüro Christina Kempe, München
Layout, Typografie und Umschlaggestaltung: Independent Medien Design, München
Herstellung: Helmut Giersberg
Reproduktion: Repro Schmidt, Dornbirn
Druck und Bindung: Druckhaus Kaufmann, Lahr

ISBN 3-7742-5940-2

Auflage   5.   4.   3.
Jahr   2007   06   05   04

Das Original mit Garantie

Ihre Meinung ist uns wichtig. Deshalb möchten wir Ihre Kritik, gerne aber auch Ihr Lob erfahren. Um als führender Ratgeberverlag für Sie noch besser zu werden. Darum: Schreiben Sie uns! Wir freuen uns auf Ihre Post und wünschen Ihnen viel Spaß mit Ihrem GU-Ratgeber.

Unsere Garantie: Sollte ein GU-Ratgeber einmal einen Fehler enthalten, schicken Sie uns das Buch mit einem kleinen Hinweis und der Quittung innerhalb von sechs Monaten nach dem Kauf zurück. Wir tauschen Ihnen den GU-Ratgeber gegen einen anderen zum gleichen oder ähnlichen Thema um.

Ihr Gräfe und Unzer Verlag
Redaktion Kochen
Postfach 86 03 25
81630 München
Fax: 089/41981-113
e-mail: leserservice@
graefe-und-unzer.de

GRÄFE
UND
UNZER

Ein Unternehmen der
GANSKE VERLAGSGRUPPE

GU KÜCHENRATGEBER

Neue Rezepte für den großen Kochspaß

ISBN 3-7742-2392-0

ISBN 3-7742-4908-3

ISBN 3-7742-5762-0

ISBN 3-7742-4883-4

ISBN 3-7742-5459-1

ISBN 3-7742-4889-3

64 Seiten, 6,90 € [D]

Das macht die GU Küchenratgeber zu etwas Besonderem:

- ➤ *Rezepte mit maximal 10 Hauptzutaten*
- ➤ *Blitzrezepte in jedem Kapitel*
- ➤ *alle Rezepte getestet*
- ➤ *Geling-Garantie durch die 10 GU-Erfolgstipps*

Änderungen und Irrtum vorbehalten.

Gutgemacht. Gutgelaunt.

MILCH PERFEKT AUFSCHÄUMEN

➤ Die Milch erhitzen, aber nicht kochen lassen.

➤ Am besten lässt sich fettarme H-Milch aufschäumen.

➤ Die Milch erst kurz vor dem Servieren aufschäumen – am besten gleich in der Tasse mit dem Milchaufschäumer.

Geling-Garantie für Milchgetränke

ZITRUSSCHALEN ABREIBEN

➤ Zitrusfrüchte immer gründlich heiß waschen und abtrocknen.

➤ Die Schale mit einem Stück Würfelzucker abreiben, dann wird sie schön fein und sie ist ohne die bittere weiße Haut.

➤ Oder den Zestenreißer nehmen. Mit dem kann man die Schale in feinsten Streifen abziehen.

MILCHGETRÄNKE SERVIEREN

➤ Gut schmecken kalte Milchgetränke mit einem nicht zu dünnen Strohhalm.

➤ Reichen Sie aber immer auch einen Löffel dazu, damit man Schaum oder auch festere Bestandteile wie Fruchtstückchen nicht in Glas oder Becher lassen muss.

KRÄUTER UND GEWÜRZE

➤ Frische Kräuter geben den Shakes das beste Aroma, deshalb Pflanzen in Töpfen kaufen.

➤ Kräuterblättchen zum Dekorieren immer erst kurz vor dem Servieren abzupfen.

➤ Gewürze möglichst frisch zerkleinern, das gibt mehr Intensität. Gewürzmühle oder Mörser machen es möglich.